La Casa Navàs

REUS · PARÍS · LONDRES

La Casa Navàs

Raimon Portell

SETIER

Triangle ▸ Books

Como cualquier hijo de Reus, conocía la Casa Navàs porque forma parte de mi paisaje de siempre. Pasaba por delante de ella cuando iba al barbero, la veía si me detenía a tomar un vermut en la plaza Mercadal. Sabía que era una obra de Lluís Domènech i Montaner, arquitecto reconocidísimo del Modernismo. Pero no había tenido la suerte de visitarla, a diferencia de muchos reusenses que sí lo hicieron mientras el doctor Nolla tuvo allí su consulta durante casi cuarenta años.

Como apasionado del arte, pensaba que era una lástima que costara tanto acceder a ella. Tenemos cerca de Reus el ejemplo de edificios como la Casa Batlló o La Pedrera, que han sido restaurados y convertidos en espacios accesibles para todo el mundo. Y aunque apenas conocía la tienda de ropa de la planta baja y lo que se alcanzaba a ver desde la calle o al asomarme al vestíbulo, estaba convencido de que la Casa Navàs merecía abrirse a la ciudad. Pero cuando finalmente la pude visitar, me quedé boquiabierto. Por dentro era una fiesta. Dondequiera que miraras, te encontrabas con vitrales, esculturas, mosaicos... Se habían conservado los muebles originales, los sanitarios, y la cocina. Todo ello la convertía en una obra de arte excepcional y única. Se había mantenido tal y como la había concebido el arquitecto Domènech i Montaner, con todas las artes integradas y una arquitectura luminosa.

No podía permanecer cerrada. Había que darla a conocer. Y con esa voluntad de abrirla al público, en cuanto pudimos disponer de ella nos propusimos ponerla a punto con todo el cuidado que merecía. Había mucho trabajo por hacer. Primero se intervino en la escalera. Se arreglaron goteras y grietas, se repararon los forjados, se ajustó la cubierta. Y después vinieron grandes obras, porque, para devolverle su esplendor original, había que restaurar lo que había destruido una bomba que había estallado muy cerca, en la calle Jesús, durante la Guerra Civil. La explosión derribó el remate escalonado que culminaba la fachada que da a la plaza Mercadal, y también hizo caer la torrecilla de la esquina con la calle Jesús. Para reconstruir el remate, se fue a buscar piedra de Vinaixa, de donde se había extraído la piedra original. Y ahora luce como el primer día. Y la torrecilla culminará la casa tal y como fue imaginada por Domènech i Montaner.

Después quedarán pendientes pequeñas intervenciones, por supuesto, porque el mantenimiento es una tarea constante. Pero tendremos la casa en todo su esplendor, abierta a la gente de Reus, de París, de Londres y de más allá. Se puede acceder a ella con guías que ayudan a enriquecer la mirada de los visitantes, y también mediante visitas teatralizadas, y otras que se adentran en los rincones más recónditos o que terminan con una degustación de vermut. La Casa Navàs se ha convertido en un centro de difusión del Modernismo.

La Casa Navàs es una joya única, original, un patrimonio vivo que merece ser compartido. Por si alguien lo duda, este libro ofrece un aperitivo de lo que representa. La obra real y completa os espera en Reus, a vuestra disposición.

Xavier Martínez i Serra
Editor, promotor y propietario
de la Casa Navàs

Xavier Martínez i Serra
Éditeur, promoteur et propriétaire
de Casa Navàs

Comme tous les citoyens de Reus, je connaissais Casa Navàs parce qu'elle avait toujours fait partie de mon paysage. Je passais souvent par là quand j'allais chez le coiffeur, je la voyais quand je sortais prendre un vermouth sur la Plaça del Mercadal. Je savais que c'était une œuvre de Lluís Domènech i Montaner, un architecte moderniste de renom. Mais je n'avais pas encore eu la chance d'y entrer, contrairement à la plupart des gens de Reus, car pendant près de quarante ans, le Dr Nolla y avait eu son cabinet.

En tant que passionné d'art, je trouvais dommage que l'accès à cette œuvre soit si difficile. Près de Reus, nous avons l'exemple de bâtiments tels que Casa Batlló ou la Pedrera, qui ont été restaurés et mis à la disposition du public. Et même si je ne savais presque rien du magasin de textile au rez-de-chaussée et de ce que l'on voyait de la Casa Navàs depuis la rue ou en jetant un œil dans le hall, j'étais convaincu qu'elle méritait d'être ouverte à la ville. Alors, quand j'ai finalement pu la visiter, je suis resté bouche bée. Dedans, c'était tout un spectacle. Partout où l'on regardait, il y avait des vitraux, des sculptures, des mosaïques... Les meubles d'origine, les salles de bains et la cuisine ont été préservés. Tout cela en fait une œuvre d'art exceptionnelle et unique. Elle a été conservée comme l'architecte l'avait imaginée Domènech i Montaner, avec tous les arts intégrés et une architecture lumineuse.

Elle ne pouvait pas rester fermée. Il fallait que tous le sachent. Et c'est à partir de cette idée d'ouverture au public que, lorsque nous avons pu en faire réalité, nous avons décidé de lui consacrer une préparation minutieuse. Il y avait beaucoup de travail à faire. Dans un premier temps, des travaux ont été menés dans l'escalier. Les fuites et les fissures ont été réparées, ainsi que les planchers, et le toit a été adapté. Et puis il y a eu de grands travaux, car, pour lui rendre sa splendeur originelle, il fallait restaurer ce qui avait été détruit par la bombe qui avait explosé à proximité, dans le Carrer de Jesús, pendant la guerre civile. L'explosion avait démoli la toiture échelonnée qui surmontait la façade donnant sur la Plaça del Mercadal,

entraînant aussi l'effondrement de la tour à l'angle avec le Carrer de Jesús. Pour la reconstruction de la toiture, on a utilisé de la pierre de Vinaixa, où la pierre d'origine avait été extraite. Et aujourd'hui, on la voit telle qu'elle était au premier jour. Et la tour couronnera la maison telle qu'elle avait été conçue par Domènech i Montaner. Ensuite, il restera à faire de petites interventions, bien sûr, car l'entretien est quelque chose de quotidien. Mais la maison des vingt et un boutons sera enfin ouverte aux habitants de Reus, de Paris, de Londres et au-delà. On peut y accéder avec des guides qui aident à enrichir le regard des visiteurs, également dans des visites théâtrales et d'autres qui permettent d'y plonger plus profondément ou qui finissent par une dégustation de vermouth. Casa Navàs est devenue un centre de diffusion du Modernisme.

Casa Navàs est un joyau unique et original, un patrimoine vivant à partager. Au cas où il y aurait des doutes, ce livre en offre un avant-goût. L'œuvre réelle et complète vous attend à Reus, à votre disposition.

Institut Pere Mata
Lluís Domènech i Montaner

Casa Gasull
Lluís Domènech i Montaner

Escola Prat de la Riba
Pere Caselles

Casa Rull
Lluís Domènech i Montaner

Casa Serra
Joan Rubió

Casa Laguna
Pere Caselles

Dispensari Antituberculós
Joan Rubió

Estació Enològica
Pere Caselles

Casa Navàs
Lluís Domènech i Montaner

Carretera Inst. Pere Mata
N-420
Pl. de les Baldufes
C. de Sant Joan
Av. dels Països Catalans
Pg. de Sunyer
Av. de Prat de la Riba
Pl. del Nen de les Oques
C. de Sant Joan
Pl. de Prim
C. de Llovera
Pl. de la Llibertat
Raval Santa Anna
Raval del Pallol
C. de Monterols
Raval de Jesús
Pl. Mercadal
Raval de Martí Folguera
Raval de M. Folguera
Raval Sant Pere

Conca de Barberà
Alt Camp
Baix Penedès
Priorat
REUS
Tarragonès
Baix Camp
Terra Alta
Ribera d'Ebre
Baix Ebre
Montsià

Xalet Serra / Casa Homdedeu / Biblioteca Pau Font de Rubinat / Casa Punyed / Casa Querol / Casa Tomàs Jordi / Casa Munné / Casa Anguera / Centre de Lectura

UNA JOYA ÚNICA DEL MODERNISMO

Un prodigio singular, un palacio preservado tal y como lo concibió el arquitecto, la fusión de todas las artes plásticas y decorativas, un emblema del Modernismo... La Casa Navàs reúne todo esto. Para vivirlo, claro está, hay que recorrerla. Consideren este libro como un pequeño aperitivo que puede enriquecer su visita.

En la Casa Navàs, cada detalle tiene su motivo, a la vez que se integra en el conjunto. Cristaleras, marqueterías, esculturas, mosaicos, todos fueron creados por los mejores artesanos y artistas, que los pusieron al servicio de una idea global concebida por Lluís Domènech i Montaner. Entre las obras de este arquitecto destacan edificios tan notables como el Palau de la Música Catalana y el Hospital de Sant Pau de Barcelona. En ellos, se unen la historia de la arquitectura y del país con las últimas técnicas constructivas, siempre con el propósito de dar respuesta a los encargos con la mejor calidad. Los resultados son únicos, luminosos, optimistas, como la Casa Navàs, la obra de arte total.

UN JOYAU UNIQUE DU MODERNISME

Un prodige singulier, un palais conservé tel que l'architecte l'a conçu, la fusion de tous les arts plastiques et décoratifs, un symbole du Modernisme... La Casa Navàs réunit tous ces éléments. Pour le vivre, il faut la parcourir. Ce livre doit être considéré comme un échantillon qui peut enrichir votre visite.

À Casa Navàs, chaque détail a un motif, s'intégrant dans l'ensemble. Vitraux, marqueteries, sculptures, mosaïques, sont l'œuvre des meilleurs artisans et artistes, au service d'une idée globale conçue par Lluís Domènech i Montaner. Parmi les œuvres de l'architecte, il faut citer des bâtiments aussi remarquables que le Palais de la Musique Catalane et l'Hôpital de Sant Pau à Barcelone. Ils concentrent l'histoire de l'architecture et du pays et les dernières techniques de construction, cherchant remplir leurs missions avec la plus haute qualité. Les résultats sont uniques, lumineux, optimistes, comme Casa Navàs, l'œuvre d'art absolue.

EL MODERNISMO EN REUS

A lo largo del siglo XIX y hasta 1910, Reus fue considerada la segunda ciudad de Cataluña. Si bien la industria textil jugaba un papel relevante, aún más lo tenía la producción y comercialización del aguardiente, hasta el punto de que la ciudad figuraba como una de las tres plazas que marcaban su cotización internacional, junto a París y Londres. Es también en ese periodo cuando, coincidiendo con la incorporación a la Revolución Industrial, en Cataluña surge un movimiento de recuperación nacional que reivindica la lengua, la historia y el derecho propios. Este impulso renovador se intensificará a finales del siglo XIX, con la irrupción del Modernismo.

El Modernismo se engloba dentro de una corriente europea de espíritu rupturista que recibe los nombres de Art Nouveau en Francia, Jugendstil en Alemania o Sezession en Viena. En Cataluña, este movimiento transformó profundamente la literatura, la pintura y la escultura, aunque donde alcanzó su máxima expresión fue en la arquitectura. Basta con mencionar a Lluís Domènech i Montaner, Antoni Gaudí y Josep Puig i Cadafalch para evocar algunas de sus obras más emblemáticas: el Palau de la Música y el Hospital de Sant Pau, la Pedrera y el Park Güell, o la Casa de les Punxes. Estos edificios rompen con los modelos clásicos y eclécticos predominantes para ir a buscar la inspiración en la naturaleza y en la arquitectura gótica e islámica. Al mismo tiempo, reivindican la producción artesanal y la integración de todas las artes, sin perder nunca de vista las últimas innovaciones técnicas.

Fue en esta confluencia entre una ciudad próspera y una arquitectura impulsada por las clases acomodadas cuando el Modernismo llegó a Reus, donde Lluís Domènech i Montaner firmó cuatro obras. Aunque es el arquitecto más reconocido, no fue el único que dejó huella. Pere Caselles, arquitecto municipal de Reus, construyó numerosos edificios, como la Casa Laguna, cuya fachada combina piedra, baldosa, obra vista y *trencadís*. También son obra suya la Estació Enològica,

LE MODERNISME À REUS

Tout au long du XIXe siècle et jusqu'en 1910, Reus était le deuxième chef-lieu de Catalogne. L'industrie textile était importante, mais encore plus la production et la commercialisation de l'eau-de-vie, au point que c'était l'une des trois communes qui fixaient les cotisations, aux côtés de Paris et Londres. C'est également au XIXe siècle, avec la révolution industrielle, que la Catalogne voit naître un mouvement de récupération nationale revendiquant sa propre langue, son histoire et son droit. Ce mouvement sera renforcé à la fin du XIXe siècle, avec l'apparition du Modernisme.

Le Modernisme s'inscrit dans un courant européen d'esprit rupturiste, appelé Art Nouveau en France, Jugendstil en Allemagne ou Sezession à Vienne. En Catalogne, le Modernisme a un impact sur la littérature, la peinture, la sculpture, mais c'est dans l'architecture qu'il engendre les œuvres les plus spectaculaires. Il suffit de citer Lluís Domènech i Montaner, Antoni Gaudí et Josep Puig i Cadafalch et de penser à leurs œuvres : le Palais de la Musique et l'Hôpital de Sant Pau, la Pedrera et le Park Güell, Casa Terradas. Leurs bâtiments rompent avec les modèles classiques et éclectiques dominants pour s'inspirer de la nature ou de l'architecture gothique et islamique. Ils revendiquent donc la production artisanale et l'intégration de toutes les arts. Et toujours avec le regard sur les dernières innovations techniques.

C'est à cette confluence d'une ville prospère avec une architecture promue par les classes aisées que le Modernisme arrive à Reus. Lluís Domènech i Montaner y laissera quatre œuvres. C'est l'architecte le plus reconnu, mais ce n'est pas le seul. Pere Caselles, architecte municipal de Reus, y construit de nombreux bâtiments, dont la Casa Laguna, avec une façade combinant pierre, briques, maçonnerie apparente et mosaïque. C'est aussi l'auteur de la Station Œnologique, dont la fonction était d'introduire des pieds de vigne américains après que le phylloxéra ait tué toutes les souches du

que tenía por función introducir cepas americanas tras la devastación causada por la filoxera, y la Escola Prat de la Riba, con patio y aulas con ventanales, como propugnaban las nuevas tendencias pedagógicas. Y Joan Rubió, ya en 1926, cuando las vanguardias y el Novecentismo habían dejado atrás el Modernismo, aún seguía fiel a este movimiento en la Casa Serra y el Dispensari Antituberculós.

Reus conserva un notable conjunto de edificios modernistas, entre los cuales destacan, sin duda, los firmados por Lluís Domènech i Montaner, quien, además de arquitecto, sobresalió como historiador y político. Sus escritos sirvieron de referencia a muchos de sus discípulos, como Josep Puig i Cadafalch o Josep Maria Jujol, quienes lo tuvieron de profesor en la Escuela de Arquitectura de Barcelona.

El encargo que llevó a Lluís Domènech i Montaner a Reus fue el Institut Pere Mata. Su construcción, iniciada en 1897, combina la calidad y la belleza de cada detalle con la funcionalidad propia de un hospital psiquiátrico. Los pabellones están rodeados de jardines, y las fachadas integran piedra, cerámica y ladrillo visto. En el interior se emplean mosaicos, baldosas hidráulicas, revestimientos cerámicos y vidrieras emplomadas.

Pere Rull, notario y socio fundador del Institut Pere Mata, aprovechó la proximidad del arquitecto para confiarle el diseño de su vivienda. Así nació la Casa Rull, construida en 1901, un edificio de tres plantas, con zócalo de piedra, pisos superiores de obra vista y una coronación en forma de almenas. El siguiente proyecto de Domènech y Montaner en Reus fue la Casa Navàs, que en 1905 ya había abierto su planta baja al comercio textil, con una tienda y un almacén de tejidos. Finalmente, en 1911, culminó la Casa Gasull, un edificio cúbico y sólido que parece dejar atrás el carácter festivo modernista para inspirarse en la sobriedad del Renacimiento. El cambio de lenguaje es evidente si se compara con la gracia decorativa de la Casa Rull, situada justo al lado, pared con pared.

pays, et de l'École Prat de la Riba, avec une cour et des salles de classe aux baies vitrées, comme le préconisaient les nouvelles tendances pédagogiques. Et Joan Rubió qui, déjà en 1926, lorsque l'avant-garde et le Noucentisme avaient abandonné le Modernisme, poursuivait encore ce mouvement à Casa Serra et au Dispensaire Antituberculeux.

Reus abrite un ensemble remarquable de bâtiments modernistes, mais, bien sûr, les plus remarquables sont l'œuvre de Lluís Domènech i Montaner, qui, en plus d'être architecte, s'est également illustré comme historien et homme politique. Ses écrits ont servi de guide à ses étudiants, dont beaucoup, comme Josep Puig i Cadafalch ou Josep Maria Jujol, l'ont eu comme professeur à l'École d'Architecture de Barcelone.

À Reus, on a fait appel à Lluís Domènech i Montaner pour ériger l'Institut Pere Mata. Sa construction a commencé en 1897 et conjugue la qualité et la beauté de chaque détail avec la fonctionnalité, pour servir d'hôpital psychiatrique. Les jardins entourent plusieurs pavillons. Les façades affichent une combinaison de pierre, céramique et brique apparente. À l'intérieur, il y a des mosaïques, des carreaux ciment, des finitions en céramique et des vitraux.

Pere Rull, notaire et membre fondateur de l'Institut Pere Mata, a profité de l'occasion d'avoir l'architecte à portée de main pour lui demander de concevoir la maison. Le résultat est Casa Rull, de 1901, avec trois étages, une base en pierre, les deux étages supérieurs en briques apparentes et surmontée de créneaux. Le bâtiment suivant de Domènech i Montaner à Reus est Casa Navàs, qui, en 1905, avait déjà ouvert au rez-de-chaussée un magasin et un entrepôt textile. Enfin, Casa Gasull, construite en 1911, un bâtiment cubique et solide, qui semble avoir laissé derrière elle la fête moderniste pour s'inspirer du sérieux de la Renaissance. Le changement de langage est évident si on la compare à la beauté de Casa Rull, la maison attenante.

El arquitecto Lluís Domènech i Montaner diseñó la Casa Navàs de Reus en el año 1901.
L'architecte Lluís Domènech i Montaner conçoit Casa Navàs à Reus en 1901.

UN PASEO POR LA CASA NAVÀS (1901-1908)

Lluís Domènech i Montaner

Una propuesta imbatible: un cheque en blanco para construir un edificio con total libertad, la obra de arte total. Esta fue la oferta que el matrimonio formado por Joaquim Navàs y Josepa Blasco puso encima de la mesa.

Nacido en Reus, Joaquim Navàs creció en la tienda de tejidos de su padre. Prosperaron hasta instalarse en el corazón de la ciudad, en la plaza Mercadal, donde había otra tienda como la suya, y Navàs no pudo evitar fijarse en la primogénita de la casa. Josepa Blasco y Joaquim Navàs se prometieron, se casaron y se enfrentaron a un dilema. ¿Para quién iban a trabajar? ¿Para el padre de él o el de ella? Quimet y Pepa —tal y como eran conocidos— tenían espíritu emprendedor y, puestos a elegir, optaron por una tercera vía: abrieron su propia tienda.

Tras horas de esfuerzo, conocimientos y viajes, consiguieron hacer prosperar el negocio. Les fue tan bien que antes de cumplir cincuenta

La Casa Navàs está ubicada al sur de la plaza Mercadal, el centro comercial de Reus desde el siglo XV.

Casa Navàs est située au Sud de la Plaça del Mercadal, centre commercial de Reus depuis le XVe siècle.

UNE PROMENADE À CASA NAVÀS (1901-1908)

La proposition était irrefusable : un chèque en blanc pour construire librement un bâtiment unique, l'œuvre d'art absolue ! Telle était l'offre que le couple formé par Joaquim Navàs et Josepa Blasco mirent sur la table.

Né à Reus, Joaquim Navàs avait grandi dans le magasin textile de son père. Ils avaient progressé pour s'installer au centre-ville, sur la Plaça del Mercadal, où il y avait un autre magasin comme le leur, et Navàs était attiré par l'héritière de la maison. Josepa Blasco et Joaquim Navàs se fiancèrent, se marièrent et durent décider : pour qui travailler ? Pour le père de Joaquim ou celui de Josepa ? Quimet et Pepa, comme ils on les appelait, étaient entrepreneurs, et choisirent la troisième alternative : Ouvrir leur propre magasin.

Leurs efforts, connaissances et voyages firent grandir l'entreprise. Avant 50 ans, Navàs était le premier distributeur en péninsule des meilleurs tissus d'Écosse, Angleterre, France, Allemagne, Belgique et Sabadell. Et il absorba la société de son père à sa mort.

Ayant un capital plus que remarquable, ils firent construire une maison sur le Passeig de la Boca de la Mina, au nord de Reus. Mais ils

años, Navàs ya era el principal distribuidor en la península de las mejores telas de Escocia, Inglaterra, Francia, Alemania, Bélgica y Sabadell. Además, absorbió el negocio de su padre cuando este falleció.

Las familias Navàs y Blasco contaban con un buen capital y se construyeron un chalé en el paseo de la Boca de la Mina, al norte de Reus. Pero

La torre y el remate escalonado rompían la horizontalidad de la fachada y otorgaban un aire delicado a la Casa Navàs.
La tour et la toiture échelonnée brisaient l'horizontalité de la façade et apportaient un air gracieux à Casa Navàs.

Sabías que...?
Saviez-vous que...?

Los bombardeos durante la Guerra Civil destruyeron la torre y el hastial de Casa Navàs. El 26 de marzo de 1938 a las 8.20 h, durante la Guerra Civil, cayó una bomba sobre Casa Pedrol, situada al otro lado de la calle, lo que destruyó parcialmente la torre de filigrana en la esquina con la calle Jesús. También resultó afectada la parte central que corona el tejado. En 1945, se reedificó una parte del hastial, pero su reconstrucción total tuvo lugar el 9 de julio de 2020 con la llegada del nuevo propietario.

Les bombardements de la guerre civile ont détruit la tour et le couronnement de Casa Navàs. Durant la guerre civile, suite aux ravages qu'une bombe causa le 26 mars 1938 à huit heures vingt du matin et qui frappa Casa Pedrol, située de l'autre côté de la rue, la tour filigranée qui se trouvait au coin du Carrer de Jesús fut partiellement détruite. Il manque également la partie centrale du couronnement de la terrasse. En 1945, une partie du couronnement fut reconstruite, mais ce n'est qu'à l'arrivée des nouveaux propriétaires qu'elle a été entièrement reconstruite, le 9 juillet 2020.

Los propietarios siguieron viviendo en la casa durante la Guerra Civil, hasta que una bomba estalló y recortó parte de la fachada.

Les propriétaires restèrent dans la maison durant la guerre civile, jusqu'à ce qu'une bombe éclate, détruisant une partie de la façade.

Los clientes de la tienda y los vendedores de la plaza estiran el cuello en tres parejas de bustos en la tribuna principal.

L'attention des clients du magasin et des vendeurs sur la place est attirée par trois paires de bustes sur la galerie principale.

estaban decididos a instalar el negocio y la residencia principal donde se habían conocido. Compraron un caserón, la antigua casa Simó-Cardenyes, ubicada en la plaza Mercadal, en la esquina con la calle Jesús. Ya tenían la finca donde construir. Solo les faltaba encontrar un arquitecto. Y llamaron a la puerta de Lluís Domènech i Montaner, hombre famoso, viajado, muy activo y militante catalanista, que contaba ya con multitud de obras cuyo

Los porches de la fachada principal respetaban la ordenación de la plaza Mercadal, cerrada con porches en tres de sus lados.
Les arcades de la façade principale respectent l'aménagement de la Plaça del Mercadal, qui a des arcades sur trois côtés.

étaient déterminés à établir la société et leur domicile principal là où ils s'étaient rencontrés. Ils achetèrent une grande maison, l'ancienne maison Simó-Cardenyes, sur la Plaça del Mercadal, au coin du Carrer de Jesús. Ils avaient enfin le terrain où construire. Il fallait juste trouver l'architecte. Ils contactèrent donc Lluís Domènech i Montaner, un homme célèbre, très actif, un catalaniste militant, qui avait de nombreuses œuvres d'un prestige qui avait traversé les frontières et avait surmonté la cruelle épreuve de l'histoire, comme en témoignent son Palais de la Musique Catalane et l'Hôpital de Sant Pau, classés au patrimoine mondial de l'UNESCO.

Joaquim Navàs connaissait déjà Domènech i Montaner. Ils s'étaient rencontrés lors de l'assemblée des Bases de Manresa en 1892, et aussi à l'Institut Pere Mata dont Joaquim Navàs était membre fondateur et Domènech i Montaner était l'architecte sélectionné pour la constuction de l'hôpital psychiatrique de Reus. De plus, l'architecte participait aussi à la construction de la maison du notaire Pere Rull, dans la même ville de Reus. La proposition que la famille Navàs lui avait fait était un véritable cadeau. Il ne pouvait pas refuser. Il l'accepta donc avec enthousiasme et, comme il le faisait toujours, il pris en compte tous les besoins de ses nouveaux

Las columnas y los arcos de la tribuna evocan el estilo gótico flamígero, con toques de estilo plateresco, tal y como se puede observar en los medallones con bustos que se miran mutuamente.

Les colonnes et les arcs de la galerie rappellent le gothique flamboyant, avec des évocations du style plateresque, comme le montrent les médaillons avec des bustes qui se regardent entre eux.

La sala de recibir se abre a la plaza Mercadal con una tribuna pavimentada con mosaico romano.

La salle de réception s'ouvre sur la Plaça del Mercadal avec une galerie recouverte de mosaïques romaines.

La única condición que pusieron los propietarios al arquitecto fue que la tienda debía ocupar los bajos. En la parte de arriba podía construir lo que quisiera.

La seule condition que les propriétaires ont imposé à l'architecte était l'emplacement du magasin au rez-de-chaussée. En haut, il pouvait construire ce qu'il voulait.

Las fachadas combinan mampostería, obra vista y detalles de piedra. En el interior dominan los vitrales, la cerámica vidriada y los mosaicos.

Les façades combinent maçonnerie, brique apparente et détails en pierre. Dedans, il y a des vitraux, de la glaçure et des mosaïques.

El 9 de julio de 2020 se inauguró la reconstrucción del hastial escalonado. A día de hoy, vuelve a coronar la fachada, tal y como lo había concebido Domènech i Montaner.

Le 9 juillet 2020 a été inaugurée la reconstruction du pignon échelonné. À présent, il couronne à nouveau la façade, selon la conception de Domènech i Montaner à l'origine.

Para la restauración del hastial escalonado que corona la fachada se ha aprovechado
lo que se había conservado, las fotografías y los documentos antiguos.

Pour la restauration du pignon échelonné qui couronne la façade, on s'est servi de ce que l'on conservait encore, ainsi que de photographies et de documents anciens.

El diseño original no incluía los arcos de la terraza. Se añadieron en 1903.
La conception d'origine n'incluait pas les arcs de la terrasse. Ils furent ajoutés en 1903.

prestigio ha superado fronteras y el cruel examen de la historia, como lo demuestran el Palau de la Música Catalana y el Hospital de Sant Pau, incluidos en el catálogo del Patrimonio Mundial de la UNESCO.

Joaquim Navàs ya conocía a Domènech i Montaner. Habían coincidido en la asamblea de las Bases de Manresa en el año 1892 y también en el Instituto Pere Mata, del que Joaquim Navàs era socio fundador y Domènech i Montaner, el arquitecto elegido para construir el hospital psiquiátrico de Reus. Además, el arquitecto también trabajaba en la construcción de la casa del notario Pere Rull, en la misma ciudad de Reus. La oferta que recibió por parte del matrimonio Navàs era un regalo. No podía rechazarla. La aceptó con entusiasmo y, tal y como tenía dispuesto, escuchó con atención

clients. Ils lui imposèrent une seule condition : l'entreprise devait occuper l'ensemble du rez-de-chaussée. Cette demande l'obligea à se passer du jardin, indispensable dans toutes les maisons bourgeoises. Alors, l'architecte leur proposa une alternative. La maison ne pouvait pas manquer de lumière, d'air et de nature.

Le 10 octobre 1901, les plans signés furent remis à la mairie. Pere Monné, maître d'ouvrage, pouvait commencer la construction. Les maçons et les ouvriers se mirent au travail. Il fallait mettre d'accord de nombreux artistes, les meilleurs de chaque spécialité des arts appliqués, pour vêtir le bâtiment des plus beaux atours.

La escalera de acceso a la planta noble consta de tres tramos en una combinación de piedra, mosaico, mobiliario, vitrales y esgrafiados.
L'escalier d'accès à l'étage principal se compose de trois tronçons et combine pierre, mosaïque, mobilier, vitraux et sgraffites.

El mosaico es obra de Lluís Bru. Y las partes esculpidas, de Alfons Juyol, siguiendo las indicaciones de Eusebi Arnau.

La mosaïque est l'œuvre de Lluís Bru. Et les parties sculptées, d'Alfons Juyol, furent réalisées suivant les indications d'Eusebi Arnau.

La casa Rigalt i Granell se encargó de los vitrales a partir de diseños de Gaspar Homar.

La société Rigalt i Granell a réalisé les vitraux à partir d'un ensemble de dessins de Gaspar Homar.

La rosa del escudo de Reus se encuentra por toda la casa, hecha en
varios formatos: con piedra, cerámica y vidrio.

La rose des armoiries de Reus est présente dans toute la maison sous
différents formats, en pierre, en céramique et en verre.

Los motivos florales, la doble altura y la iluminación cenital hacen que el distribuidor sea un invernadero helado.

Les motifs floraux, la double hauteur et l'éclairage zénithal font du hall d'entrée une serre givrée.

Tras quedar destruidos por la explosión de la bomba de 1938, los vitrales de la claraboya de la escalera se recuperaron en 1998.

Détruits par la bombe de 1938, les vitraux du puits de lumière de l'escalier ont été restaurés en 1998.

El distribuidor comunica con la sala de costura y la terraza, la cocina y el recibidor.

Le hall d'entrée donne accès à la salle de couture et à la terrasse, à la cuisine et à la salle de réception.

A menudo se utilizan tabiques de cristal emplomado para separar los espacios sin privarlos de luz.

On y trouve de nombreuses cloisons de verre au plomb, séparant les espaces sans les priver de lumière.

las necesidades de sus nuevos clientes. Solo le pusieron una condición: que el negocio ocupara toda la planta baja. Esta petición obligaba a prescindir del jardín, equipamiento casi forzoso en toda vivienda burguesa. Sin embargo, el arquitecto les propuso una alternativa. Era esencial que la casa tuviera mucha luz, aire y naturaleza.

El 10 de octubre de 1901, se presentaron en el Ayuntamiento los planos firmados. Pere Monné, maestro de obras, podía empezar la construcción. Albañiles y peones se pusieron manos a la obra. Debían coordinarse una larga lista de artistas, los mejores de cada rama de las artes aplicadas, para vestir el edificio con las galas más refinadas.

Los transeúntes pronto vieron que la fachada seguía el ordenamiento general y se abría hacia la plaza con un soportal sostenido por cinco columnas: las dos de los extremos más rechonchas y las centrales, más esbeltas. Pero el edificio enseguida se salió de los caminos trillados, como se constató con los capiteles, que unieron columna y fachada con una ondulación orgánica, motivo que se repite, como un eco, en el dintel de la puerta principal, en las ventanas del tercer piso y en los tres accesos que dan a la calle de Jesús.

Puede que la planta baja ya invitara a sospecharlo, pero fue en el primer piso donde se confirmó que el edificio se alejaba de la estética habitual. Las dos puertas de balcón, que se abren por encima de la plaza y que se repiten hasta cuatro veces en la calle Jesús, están enmarcadas con una exuberante vegetación. Pero todavía destaca más la tribuna, con

El comedor, además de contar con una chimenea recogida, también comunica con la despensa y la cocina.
La salle à manger dispose d'une cheminée et donne accès au garde-manger et à la cuisine.

Les piétons constatèrent vite que la façade était en ligne avec l'aménagement général et qu'elle donnait sur la place avec des arcades soutenues par cinq piliers : ceux des extrémités étaient plus épais, alors que les piliers centraux étaient plus minces. Mais le bâtiment se distinguerait vite des autres, comme on le constatait avec les chapiteaux d'union entre colonne et façade avec une ondulation organique, un motif qui se répète comme un écho sur le linteau de la porte d'entrée, sur les fenêtres du troisième étage et sur les trois accès qui donnent sur le Carrer de Jesús.

Et si le rez-de-chaussée le suggérait, le premier étage confirmait que le bâtiment s'éloignait de l'esthétique habituelle. Les deux portes de balcon qui s'ouvrent sur la place, se répétant jusqu'à quatre fois sur le Carrer de Jesús, sont entourées d'une végétation luxuriante. Mais la galerie se démarque plus encore, avec des fleurs sculptées sur la balustrade et des baies vitrées séparées par des colonnes minces soutenant des arcs trilobés (avec trois lobes), dans un filigrane d'inspiration gothique, avec des animaux fantastiques sortant des chapiteaux et des têtes qui ressortent et se regardent entre elles. Le balcon du coin est en saillie, avec la même balustrade fleurie et une colonne au coin entre la place et le Carrer de Jesús. Là, un blason affiche un *I* et un *N*, les initiales du propriétaire, (I)oaquim (N)avàs, au cas où il y aurait des doutes. La colonne supporte un petit balcon au deuxième étage, qui était à l'origine une gloriette avec une autre au-dessus et qui était couronnée par un mirador.

À la fin de 1903, les travaux étaient déjà à un stade avancé, et Domènech i Montaner ajouta un nouveau détail à cet étage. Au bout,

Gaspar Homar diseñó, junto con Josep Pey, el recibidor, el comedor y el dormitorio principal.

Gaspar Homar et Josep Pey ont conçu la salle de réception, la salle à manger et la chambre principale.

**Cada mueble es una pieza única pensada para un lugar concreto.
El conjunto se ha conservado tal y como se diseñó.**

Chaque meuble est une pièce unique, conçue pour un endroit précis.
L'ensemble est conservé exactement tel qu'il a été conçu.

La tecnología se integraba en la casa tan pronto como aparecía.

La technologie a été intégrée à la maison dès son arrivée.

El relieve en madera que se aprecia sobre la chimenea representa la recolección de leña.

Le relief en bois au-dessus de la cheminée représente la collecte de bois.

El motivo del arco trifoliado (con tres lóbulos) de las ventanas de la tribuna se repite en toda la vivienda. Común en la arquitectura gótica, podemos observar este arco en el claustro románico de Sant Pau del Camp en Barcelona, con clara influencia musulmana.

Le motif de l'arc trilobé (avec trois lobes) des fenêtres de la galerie se répète dans toute la maison. De style gothique, on retrouve cet arc au cloître roman de Sant Pau del Camp, à Barcelone, avec une influence musulmane très marquée.

El balcón del comedor da a la plaza y a la calle Jesús. La columna sostiene dos glorietas.
Le balcon de la salle à manger donne sur la place et le Carrer de Jesús. La colonne soutient deux gloriettes.

El recibidor se encuentra entre la habitación principal y el comedor.
La salle de réception est située entre la chambre principale et la salle à manger.

flores esculpidas en la baranda y ventanales separados con finas columnas que sustentan arcos trifoliados (de tres lóbulos) en una filigrana de inspiración gótica, con animales fantásticos que emanan de los capiteles y cabezas que se acercan y se miran desde unos medallones. El balcón sobresale de la esquina con la misma baranda florida y una columna justo en la esquina de la plaza con la calle Jesús. Allí hay un escudo con una «I» y una «N», las iniciales del propietario: (I)oaquim (N)avàs, por si alguien aún dudaba. La columna sostiene un pequeño balcón en el segundo piso con una pequeña glorieta, con otra encima que acaba coronada con un mirador.

A finales del año 1903, las obras ya estaban muy avanzadas y Domènech i Montaner añadió otro detalle más a esta planta. Al final, a lo largo de

sur le Carrer de Jesús, il y a une terrasse, et Domènech i Montaner décida de l'abriter du regard des piétons au moyen d'arcs outrepassés et de vitraux.

Au deuxième étage, juste au-dessus de la galerie, se dresse la baie vitrée en arc outrepassé. Sur le Carrer de Jésus, il a une série de dix fenêtres qui forment une galerie. Les façades sont surmontées d'un avant-toit avec une barbacane très ornementée. Celle-ci parcourt la maison entière, excepté au centre de la façade de la place, où il y a une montée décalée, typique du nord de l'Europe.

Les murs furent érigés rapidement : en 1905, le magasin textile et les entrepôts étaient déjà inaugurés au rez-de-chaussée : un espace ouvert, avec des colonnes minces en fer de la fonderie Martín Martí de Reus, soutenant un réseau de poutres et de voûtes en briques. C'est là que demeurait Mme Pepa, polie, rieuse et dotée d'un sixième sens pour deviner ce que les clients recherchaient. Les vendeurs mangeaient dans la maison. Les apprentis dormaient sur des matelas posés au-dessus des comptoirs. Certains, les plus

Homar y Pey también diseñaron el armario, el bargueño y las camas.
Le garde-robe, l'armoire et les lits ont également été conçus par Homar et Pey.

Un tabique con cristal emplomado separa la alcoba de la sala en el dormitorio principal.
Un mur de verre plombé sépare l'alcôve et la salle de la chambre principale.

El blanco que predomina en los azulejos y las pilas contribuye al estado impecable de la cocina y los baños.
Le blanc prédominant du carrelage et des éviers contribue à l'état impeccable de la cuisine et des salles de bains.

Un amplio vitral separa la escalera del baño, perfectamente equipado con bañera, bidé, lavabo y lavamanos.

Un grand vitrail sépare les escaliers de la salle de bain, parfaitement équipée avec bainoire, bidet, WC, et lavabo.

El cuidado de los diferentes propietarios ha permitido conservar los grifos originales.

Le soin des différents propriétaires a permis de préserver les robinets d'origine.

El pequeño baño junto a la cocina es un ejemplo de la importancia que los propietarios y el arquitecto otorgaron a la higiene.

La petite toilette à côté de la cuisine est un exemple de l'importance que les propriétaires et l'architecte accordaient à l'hygiène.

La terraza posterior ha permitido abrir una fachada con una galería de ventanas en la sala de música de la segunda planta.

La terrasse arrière a permis d'ouvrir une façade avec une galerie de fenêtres dans la salle de musique du deuxième étage.

El despacho y la sala de costura dan directamente a la terraza. Encima de cada puerta, la decoración se circunscribe dentro del arco trifoliado que aparece en otras ornamentaciones.

Le bureau et la salle de couture donnent directement sur la terrasse. Au-dessus de chaque porte, la décoration est circonscrite à l'intérieur de l'arc trilobé qui apparaît dans d'autres ornementations.

El eje principal de la casa va de la terraza al recibidor, pasando por la sala de costura y el distribuidor.
L'axe principal de la maison va de la terrasse à la salle de réception, en passant par la salle de couture et le hall d'entrée.

Forzado a prescindir de jardín, Domènech i Montaner llenó la casa de flores, con especial predilección por la rosa del escudo de la ciudad de Reus.

Ayant dû se passer du jardin, Domènech i Montaner a rempli toute la maison de fleurs,
avec une prédilection particulière pour la rose des armoiries de la ville de Reus.

La segunda planta acoge la sala de música y varias habitaciones. En el armario de la sala de música se guardan los rollos de la pianola.
Le deuxième étage abrite la salle de musique et plusieurs chambres. Le placard de la salle de musique conserve les rouleaux du piano mécanique.

la calle Jesús, hay una terraza que Domènech i Montaner decidió proteger de los ojos curiosos de los transeúntes con arcos de herradura y cristaleras.

En la segunda planta, destaca el ventanal también en forma de arco de herradura, justo encima de la tribuna. En la calle Jesús se aprecia una hilera de diez ventanas que conforman una galería. Las fachadas se rematan con un alero y una barbacana muy ornamentada. Recorre toda la casa, excepto en el centro de la fachada de la plaza, desde donde sube un remate escalonado, un hastial, que transporta al norte de Europa.

Las paredes se alzaron en un abrir y cerrar de ojos. En el año 1905 la tienda y los almacenes de tejidos ya se habían inaugurado en la planta baja: un espacio diáfano, con esbeltas columnas de hierro de la empresa de fundición Martín Martí de Reus que sostienen un entramado de vigas y bóvedas de ladrillo. Aquí la señora Pepa llevaba las riendas, pulcra, sonriente y con un sexto sentido para dar con lo que el cliente buscaba. Los dependien-

anciens, progressèrent en devenant partenaires de l'entreprise. L'espace résidentiel du bâtiment fut officiellement achevé en 1908, mais les travaux ornementaux se prolongèrent trois ans de plus, jusqu'à la pose du dernier vitrail.

Joaquim Navàs n'e s'y est jamais installé. L'explosion d'un pétard dans le chalet de la Boca de la Mina l'effraya et il quitta Reus. Il visitait souvent le chantier, l'entreprise et la famille, mais il vivait à Barcelone, où il décéda en 1915. Puis Pepa décida d'y déménager.

Il suffit de franchir la porte pour être ébloui. Une mosaïque de Lluís Bru, avec des

tes comían en la casa. Los aprendices dormían encima de los mostradores, donde colocaban sus colchones. Algunos —los de mayor antigüedad— pudieron prosperar e integrarse como socios del negocio.

La parte residencial del edificio se terminó oficialmente en 1908, si bien los trabajos de ornamentación continuaron durante tres años más, hasta la instalación del último vitral.

Joaquim Navàs nunca llegó a instalarse completamente en la casa. La explosión de un petardo en el chalé de la Boca de la Mina lo asustó y lo llevó a marcharse de Reus. Aunque solía visitar frecuentemente las obras y el negocio, y a la familia, pero vivía en Barcelona, donde murió en 1915. Entonces Pepa se trasladó a su nueva vivienda.

Basta con cruzar la puerta para quedar deslumbrado. Un mosaico de Lluís Bru, con ramas, hojas y pomos floridos, cubre el pavimento. En las paredes se combinan el arrimadero de mármol y el estuco planchado como un damasco de Tomàs Bergadà. Entre uno y otro, la orla de rosas

Aparte de la magnífica chimenea, las salas de la segunda planta son sencillas, con arrimaderos de cerámica seriada y pavimento hidráulico.
À part la magnifique cheminée, les pièces du deuxième étage sont simples, avec des soubassements en céramique produite en série et des carreaux ciment.

branches, des feuilles et des bonrgeons fleuris couvre le sol. Les murs combinent un ppui en marbre et un stuc encuit comme un damas de Tomàs Bergadà. Entre eux, il y a un liseré de roses sculpté par Alfons Juyol. La rose des armoiries de Reus, de différents formats, est présente dans toute la maison. Au fond s'érige l'escalier et sur le premier tronçon, on voit les fenêtres parsemées, avec des vitraux plombés d'Antoni Rigalt et de Jeroni Granell. Au total, la maison a deux cents mètres carrés de vitraux, parmi ses baies vitrées, ses puits

Los murales de la terraza están dedicados a la expansión catalana por el Mediterráneo.
Las lucernas del suelo garantizaban la iluminación de la tienda.

Les peintures murales de la terrasse sont dédiées à l'expansion catalane dans la Méditerranée. Les puits de lumière au sol assuraient l'éclairage du magasin.

La sala de costura era el espacio privado donde la propietaria podía recibir y atender a las visitas de menor compromiso.

La salle de couture était l'espace privé où la propriétaire recevait et s'occupait des visiteurs moins importants.

El despacho, pensado para el propietario, y la sala de costura, el espacio de la propietaria, se comunican y ambos dan a la terraza.
Le bureau, conçu pour le propriétaire, et la sale de couture, l'espace de la propriétaire, sont communiqué et donnent sur la terrasse.

En la segunda planta, hay una galería que permite asomarse a la caja de la escalera y al distribuidor, uno al lado del otro.
Au deuxième étage, une galerie permet de se pencher sur la cage d'escalier et le hall d'entrée, à côté l'un de l'autre.

Pensada para dejar a los visitantes boquiabiertos, la caja de la escalera deslumbra con mármoles, motivos decorativos esculpidos, vitrales y mosaicos que vibran con la luz cenital.

Conçue pour laisser les visiteurs bouche bée, la cage d'escalier éblouit avec ses marbres, ses motifs décoratifs sculptés, ses vitraux et ses mosaïques qui vibrent sous la lumière zénithale.

Poco después, Domènech i Montaner también utilizaría la claraboya en el Palau de la Música de Barcelona.

Peu de temps après, Domènech i Montaner décida d'inclure un puits de lumière plombé au Palais de la Musique de Barcelone.

Un mosaico de Lluís Bru representa un cielo azul intenso, con nubes y palomas, en lo más alto de la caja de la escalera.

Une mosaïque de Lluís Bru représente un ciel bleu intense, avec des nuages et des pigeons, en haut de la cage d'escalier.

esculpida por Alfons Juyol. La rosa del escudo de Reus, en formatos distintos, se encuentra por toda la casa. Al fondo sube la escalera y, en el primer tramo, aparecen las ventanas geminadas, con vitrales emplomados de Antoni Rigalt y Jeroni Granell. La casa cuenta con hasta doscientos metros cuadrados de vitrales, entre ventanales, claraboyas y tabiques. Subiendo algunos peldaños más arriba, los ojos no saben dónde detenerse: más vitrales, arcos trebolados, orlas de rosas y el mosaico que, diseñado por el pintor Joaquim Mir, despliega un jardín con un surtidor y un almendro florido. El espectáculo se prolonga en el segundo piso, que se asoma a la caja de la escalera desde una galería y, todavía más arriba, en la claraboya de cristal desde donde desciende la luz. La iluminación cenital hace vibrar los colores y llena de vida el conjunto.

Es la misma luz con que Domènech i Montaner ilumina el patio cubierto de doble altura que sirve de distribuidor de la planta noble. Permite acceder a la sala donde se recibía, que se abre a la plaza con una tribuna. Suelo de parqué, damasco de seda en las paredes, arrimaderos de madera con marquetería…, todo diseñado por Gaspar Homar y Josep Pey. A su derecha, el comedor es igual de espléndido, con una chimenea enmarcada con teselas y, encima, un relieve de madera con una escena campestre. La integración

Se ha intentado mantener el espíritu del negocio que se inauguró en 1905.
Le but était de préserver l'esprit de l'établissement qui a ouvert ses portes en 1905.

¿Sabías que…?
Saviez-vous que…?

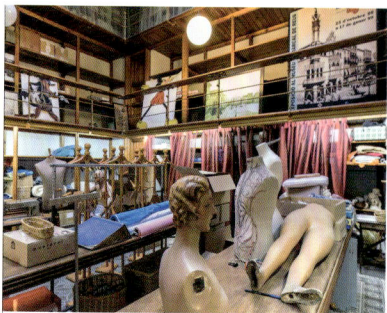

En la planta baja se ubican la tienda de tejidos, inaugurada en el año 1905, y los almacenes propios. Se conserva casi intacta desde su construcción, manteniendo el diseño original, que permite ver las columnas de hierro fundido de la fundición Martín Martí de Reus. En general, la Casa Navàs se mantiene igual que cuando se terminó de construir: tapicerías bordadas, ropa de hogar, luces, mobiliario, damascos, tejidos de seda…

Au rez-de-chaussée se trouve le magasin textile, inauguré en 1905, et les entrepôts nécessaires à la mise en œuvre de l'activité commerciale. Il est resté pratiquement intact depuis sa construction, préservant la conception de la facture d'origine, ce qui permet de voir les fines colonnes de fonte fabriquées dans la fonderie Martín Martí de Reus. En général, Casa Navàs est préservée telle qu'elle était au moment de son achèvement : tapisseries brodées, linge de maison, lampes, mobilier, damas, tissus de soie…

Las columnas de la tienda las fabricó la empresa de fundición Martín Martí de Reus. El espacio destinado a la tienda ocupa los 35 metros cuadrados de profundidad de la finca, por 12 metros de ancho.

Les colonnes du magasin furent forgées dans la fonderie Martín Marti de Reus. L'espace destiné au magasin occupe les 35 mètres carrés de profondeur de la propriété, sur 12 mètres de large

de artes y materiales resulta prodigiosa. La funcionalidad sigue presente, tal y como se puede apreciar en el dormitorio principal, al otro lado del recibidor. Incluye sala y alcoba, y un magnífico baño adjunto. La cocina, al lado del comedor, dispone de un montacargas para bajar la comida a la tienda. En la parte trasera están la sala de costura, el despacho y el cuarto de los armarios. Se abren a la terraza, con lucernas en el suelo para iluminar la tienda y dos grandes plafones de cerámica en las paredes. En uno se aprecia la flota catalana zarpando de Salou a la conquista de Mallorca. En el otro, aparece idealizada la ciudad de Tesalónica, por donde pasaron los almogávares.

Una escalera de servicio sube a la segunda planta, algo más austera. Estaba destinada al servicio y a los dependientes de la tienda. Conserva algún dormitorio, pero también albergó la sala de música, con pianola, arrimaderos de cerámica de producción seriada, pavimentos hidráulicos, mobiliario de la empresa vienesa Thonet y una magnífica chimenea.

Pepa Blasco falleció en 1930. Sin hijos, la casa la heredó su ahijado, Joaquim Blasco, quien se mudó al edificio con su familia. Vivieron aquí durante la Guerra Civil, hasta que una bomba estalló al otro lado de la calle Jesús. El efecto fue devastador: la torre que sobresalía de la esquina se derrumbó, así como el gablete. También quedaron afectados los vitrales de la terraza y

de lumière et ses murs de lumière. Quelques marches plus haut, le regard des visiteurs ne sait plus où s'arrêter : plus de vitraux, des arcs trilobés, des rosaces et la mosaïque créée par le peintre Joaquim Mir, qui représente un jardin avec une fontaine et un amandier en fleurs. Le spectacle s'étend jusqu'au deuxième étage, qui se jette dans la cage d'escalier à partir d'une galerie, et plus haut encore, jusqu'au puits de lumière d'où descend la lumière. L'éclairage zénithal fait vibrer les couleurs et gorge l'ensemble de vie.

C'est cette même lumière que Domènech i Montaner utilise dans la cour à double hauteur qui sert de hall d'entrée de l'étage principal. Il donne accès à la salle de réception qui s'ouvre sur la place avec une galerie. Sols de parquet, damas de soie aux murs, soubassements en bois de marqueterie… le tout conçu par Gaspar Homar et Josep Pey. À droite, la salle à manger, est tout aussi riche, avec une cheminée entourée de tesselles, surmontée d'une scène paysanne ciselée en bois. L'intégration des arts et des matériaux, est vraiment prodigieuse. La fonctionnalité est toujours présente, comme on le voit dans la chambre principale, de l'autre côté du hall d'entrée. Elle inclut un salon et une alcôve, et une magnifique salle de bains attenante. La cuisine, à côté de la salle à manger, dispose d'un monte-charge pour descendre le déjeuner au magasin. Et derrière se trouvent la salle de couture, le bureau et la salle des armoires. Ces pièces donnent accès à la terrasse, avec des puits de lumière au sol assurant l'éclairage du magasin et deux grands panneaux de céramique sur les murs. L'un d'eux représente la flotte catalane quittant Salou à la conquête de Majorque. L'autre est une représentation

A la izquierda, los escaparates de la tienda, diseñados por Francesc Mitjans, tal y como todavía se conservan. A la derecha, los escaparates como los diseñó Lluís Domènech i Montaner.

À gauche, les vitrines du magasin, conçues par Francesc Mitjans, telles qu'elles sont encore conservées. À droite, les vitrines selon la conception de Lluís Domènech i Montaner.

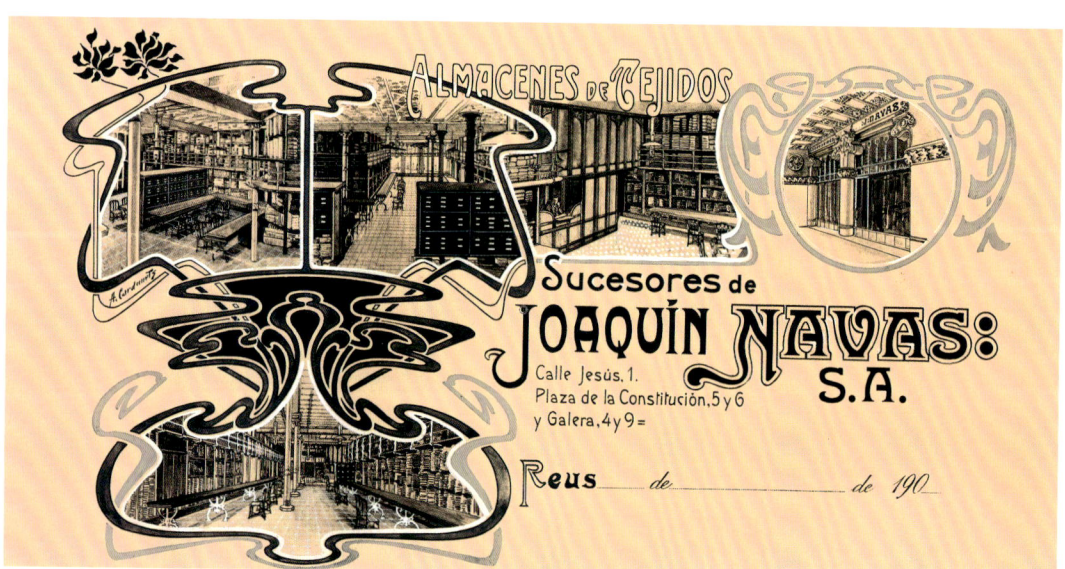

La señora Pepa Blasco parecía tener un sexto sentido que le permitía adivinar lo que buscaba cada uno de sus clientes.

Mme Pepa Blasco, la reine du magasin, semblait avoir un sixième sens qui lui permettait de deviner ce que chaque client recherchait.

Tras el fallecimiento de Joaquim Navàs, en 1915, su esposa siguió con el negocio hasta que murió, en 1930. Después, tanto la casa como los negocios pasaron a sus sobrinos.

À la mort de Joaquim Navàs en 1915, son épouse poursuivit l'activité de l'entreprise jusqu'à sa mort, en 1930, puis la maison et l'entreprise furent héritées par ses neveux.

parte de la cubierta. Más tarde, los franquistas, además de saquear la tienda, encarcelaron a Joaquim Blasco. Al salir en libertad, se dispuso a arreglar la casa y el negocio. La Casa Navàs pasó de un miembro de la familia a otro, pero todos se esforzaron por mantenerla impecable. Desde el 2018, ya con nuevos propietarios, se evidenció la voluntad de abrirla al público y se programaron las restauraciones para recuperar lo dañado durante la Guerra.

Quien visite la Casa Navàs podrá constatar que cuenta con más luz interior y más plantas y flores que ningún otro edificio. Rosas, claro, y lilas, girasoles, gardenias, florecen por doquier, en piedra, mosaicos, cristales, madera..., integrando las diversas artes con una riqueza incomparable. Su singularidad se preserva intacta, tal y como fue concebida por el arquitecto. Sobran las razones que hacen incuestionable la visita a esta joya del Modernismo europeo. ⚜

idéalisée de Thessalonique, jadis habitée par les Amogabars.

Un escalier de service va au deuxième étage, plus austère, destiné au personnel de service et aux vendeurs du magasin. On y conserve des chambres, mais aussi la salle de musique avec piano mécanique, soubassements en céramique produits en série, carreaux ciment, meubles de la maison viennoise de Thonet, et une magnifique cheminée.

Pepa Blasco décéda en 1930 sans descendants et la maison fut héritée par son filleul, Joaquim Blasco, qui s'y installa avec sa famille. Ils y restèrent durant la guerre civile, jusqu'à ce qu'une bombe éclate à l'autre bout du Carrer de Jesús. L'effet fut dévastateur : la tour qui surplombait le coin et la toiture s'effondrèrent. Les vitraux de la terrasse et une partie du toit furent aussi touchés. Plus tard, les franquistes pillèrent le magasin et emprisonnèrent Joaquim Blasco. Une fois libre, il fit restaurer la maison et l'entreprise. Casa Navàs passa d'un membre de la famille à l'autre, veillant tous à la préserver impeccable. En 2018, les nouveaux propriétaires ont voulu rendre la maison accessible au public en la restaurant afin de récupérer ce qui avait été endommagé durant la guerre.

Les visiteurs de Casa Navàs peuvent constater qu'elle a plus de lumière intérieure et plus de plantes et de fleurs que tout autre bâtiment. Des roses, bien sûr, et des lilas, des tournesols, des gardénias fleurissent partout, dans la pierre, les mosaïques, les vitres, le bois..., intégrant les différents arts avec une richesse sans pareil. Leur caractère unique est préservé intact, tel que son architecte l'avait imaginé. Inutile de dire que ce joyau du modernisme européen vaut bien le détour. ⚜

El legado de Joaquim Navàs y Josepa Blasco se encuentra hoy en día al alcance de todo el público.

L'héritage de Joaquim Navàs et Josepa Blasco est à présent accessible au grand public.

La Casa Navàs se mantiene tal y como fue diseñada por el arquitecto, tanto por fuera como por dentro, un ejemplo único de la integración de todas las artes decorativas y plásticas del Modernismo.

Casa Navàs est préservée telle qu'elle a été conçue par l'architecte, tant à l'extérieur qu'à l'intérieur, étant un exemple unique d'intégration de tous les arts décoratifs et plastiques du Modernisme.

1a edición: agosto2025

Editores: Setier - Triangle Books
Promotor: Xavier Martínez i Serra

Texto: Raimon Portell

Corrección de textos en castellano: Ramon Vidal Muntané

Traducciones: Tarraco Translation, SL
Mariví Guijo y Ramon Vidal Muntané

Diseño, maquetación y coordinación
de la edición: Elisabeth Tort

© de la edición: Setier, SA

© de los textos: Raimon Portell

© de las fotografías: Pierre Grubius
Joan Capdevila Vallvé (p. 8, 13, 23, 26-27, 74, 78-79)

Impresión: Gráficas Gongraf

Depósito legal ME 545/2025- ISBN: 9788410127791

 **SETIER**

Triangle·Books